SANIDAD INTERIOR

UN CAMINO DE SANIDAD, IDENTIDAD Y ENCUENTRO CON DIOS

EVANGELISTA MARYLIZA RODRÍGUEZ

ÍNDICE

Título: Sanidad Interior

Subtítulo: Un camino de sanidad, identidad y encuentro con Dios

Autora: Evangelista Maryliza Rodríguez

Edición y diseño editorial: Legacy Publishing House

ISBN: 979-8-9958054-2-7

Formato y maquetación: Profesional

Citas bíblicas:

Salvo que se indique lo contrario, las citas bíblicas han sido tomadas de la Biblia Reina-Valera 1960.

Primera edición: 2026

PRÓLOGO

Este libro no nace desde la teoría, sino desde la experiencia viva.

Cada página ha sido formada en medio de procesos reales: momentos de quebranto, silencios profundos, preguntas sin respuestas y encuentros transformadores con Dios. No es un contenido superficial, es un testimonio convertido en guía.

Sanidad Interior es más que un libro… es un camino.

Un recorrido donde el lector es confrontado, acompañado y guiado hacia una restauración genuina.

Aquí no se ofrece perfección, sino proceso.

No se promete rapidez, sino profundidad.

A lo largo de estos capítulos, descubrirás que Dios no solo sana lo visible, sino también aquello que ha permanecido oculto en lo más profundo del corazón.

Este libro es una invitación:

- A reconocer el dolor
- A rendir el control
- A permitir que Dios haga una obra completa

No importa en qué etapa te encuentres…

Dios sigue obrando.

Porque donde Él entra… todo cambia.

Dedico este libro a todas las almas que han sufrido en silencio, a quienes han sentido que nadie las entiende, pero siguen buscando a Dios.

A cada persona que ha amado, ha perdido, ha luchado y aún así sigue de pie.

Y sobre todo, a Dios... Quien fue, es y será siempre mi sanador, mi refugio y mi paz.

AGRADECIMIENTO

Quiero comenzar dando gracias a Dios,

porque sin Él nada de esto sería posible.

Cada palabra escrita en este libro nace de un proceso real, de heridas que Él sanó, de lágrimas que Él secó y de un amor que me sostuvo cuando pensé que no podía continuar.

A MI ESPOSO, **ENRIQUE GORDILLO DE LA CRUZ**,

gracias por estar siempre a mi lado. Por tu amor, tu paciencia y tu apoyo incondicional en cada etapa de mi vida. Has sido un refugio en medio de mis procesos, y tu presencia ha sido clave para no rendirme.

A MI HIJA, **MARIANGELIZ GORDILLO RODRÍGUEZ**,

gracias por ser parte de mi crecimiento como mujer y como madre. Eres una inspiración constante para seguir luchando por lo que quiero, aun cuando el camino se vuelve difícil. Tu vida me recuerda que todo esfuerzo vale la pena.

A MI HIJO, **FRANCISCO E. GORDILLO RODRÍGUEZ,**

gracias por cada pregunta, por cada conversación que me llevó a mirar dentro de mí. A través de ti aprendí a cuestionar mi interior, a entenderme mejor y a aceptar que puedo ser yo misma sin importar lo que otros piensen.

A **MOISÉS ABRAHAM GORDILLO RODRÍGUEZ,**

gracias por tu amor tan puro. Cada abrazo, cada beso y cada gesto de inocencia me han enseñado que la sanidad también se encuentra en lo sencillo. Tú me recuerdas que el amor verdadero sana profundamente.

A MI MADRE, **JUANITA MALAVÉ,**

gracias por creer en mí incluso cuando yo dudaba. Por tu apoyo constante, por tus palabras de ánimo y por nunca dejarme rendir. Tu fe en mi vida ha sido un motor que me ha impulsado a seguir adelante.

A MI PADRE, **FRANCISCO EMILIO RODRÍGUEZ,**

gracias por estar presente, por cada conversación

y por permitirme ver tu proceso. Aun en medio de tus propias luchas, lo que has vivido también ha sido parte de la inspiración para escribir este libro.

A mi hermana, **María Isabel Rodríguez**,

mi pastora, escritora, motivadora, emprendedora, empresaria y confrontadora. Eres una mujer que inspira, que edifica y que reta a crecer en cada área de la vida. Gracias por empujarme a ser mejor y no conformarme.

A mi hermana, **Maryliz Rodríguez,**

gracias porque aunque muchas veces tus palabras fueron fuertes, fueron necesarias. Tu sinceridad fue una herramienta de Dios para confrontarme, sanarme y ayudarme a ver lo que necesitaba cambiar.

A mi hermano, **Alexis Rodríguez**,

un hombre que ha crecido, que ha aprendido a sanar y a continuar a pesar de las dificultades.

Tu proceso es un ejemplo de fortaleza y transformación.

A mis **Sobrinos**,

quiero que sepan que los amo profundamente.

Ustedes son una parte hermosa de mi vida

y también forman parte de esta historia.

Siempre estaré para ustedes.

Cierre…

Gracias a cada uno de ustedes, porque de una forma u otra han sido parte de mi proceso.

Este libro no es solo mío… es el resultado de todo lo que Dios ha hecho en mi vida a través de cada persona que Él puso en mi camino.

EXPECTATIVA AL LEER CADA CAPÍTULO

Este no es solo un libro... es un proceso.

Cada capítulo ha sido diseñado como un encuentro personal entre tu corazón y Dios.

Al comenzar cada lectura, no vengas con prisa.

Ven con apertura.

Con disposición de ser confrontada, sanada y transformada.

Aquí no encontrarás palabras vacías, sino verdades que tocan lo profundo del alma.

Habrá capítulos que te harán llorar...

otros que te confrontarán...

y algunos que te abrazarán en medio del silencio.

¿Qué puedes esperar?

1. **Identificación**

Sentirás que alguien entiende exactamente lo que has vivido, lo que has callado y lo que aún duele.

2. **Confrontación**

Dios tratará áreas que quizás has evitado. No para herirte, sino para sanarte.

3. **Sanidad interior**

Cada palabra está guiada para llevarte a soltar cargas, romper cadenas emocionales y restaurar tu corazón.

4. **Dirección espiritual**

No saldrás igual. Cada capítulo te acercará más al propósito de Dios para tu vida.

5. **Un encuentro con Dios**

Más que leer, vivirás momentos donde sentirás la presencia de Dios ministrando tu interior.

RECOMENDACIÓN ANTES DE LEER

Antes de comenzar cada capítulo, haz esta oración:

"Señor, abre mi corazón.

Muéstrame lo que necesito ver,

sana lo que me duele,

y transforma lo que no puedo cambiar sola.

Háblame en este tiempo. Amén."

IMPORTANTE

No corras.

Este libro no se termina... se procesa.

Toma tu tiempo para escribir, reflexionar y orar.

Porque la sanidad no ocurre en la prisa,

sino en la rendición.

INTRODUCCIÓN: EL GRITO QUE NADIE ESCUCHA

Hay dolores que no se ven... pero que pesan más que cualquier herida visible.

Son esos momentos donde sonríes por fuera, pero por dentro hay un eco constante que grita.

Un grito que no siempre tiene palabras, que no siempre se puede explicar, pero que vive en lo más profundo del alma.

Muchas veces aprendemos a callar.

Callamos porque sentimos que nadie entendería.

Callamos porque nos enseñaron a ser fuertes.

Callamos porque tememos ser juzgados.

Pero el silencio no sana... solo esconde.

Este libro nace desde ese lugar íntimo donde el corazón ha sido herido, donde las emociones se enredan y donde la identidad se pierde entre el dolor, el rechazo y la confusión. Es un camino real, crudo, pero también lleno de esperanza.

Aquí no encontrarás perfección...

Encontrarás proceso.

Cada capítulo es un reflejo de esas luchas internas que muchas personas viven, pero pocos se atreven a expresar. Es un viaje desde la herida hasta la restauración, desde la confusión hasta el encuentro con una verdad que sana: Dios no ignora tu dolor, Él lo transforma.

Si alguna vez has sentido que nadie te entiende...

Si has amado y no has sido correspondida...

Si has luchado en silencio...

Este libro es para ti.

Porque aunque el mundo no escuche tu grito...

Dios sí lo oye.

Y donde otros no llegan,

Él entra, sana y restaura desde el interior.

PARTE I

RECONOCIENDO EL DOLOR

CAPÍTULO 1

CUANDO TU CORAZÓN SIENTE EL RECHAZO

Reflexión

El rechazo es una de las heridas más silenciosas pero más profundas del alma.

No siempre viene de extraños... muchas veces viene de quienes más amas, de quienes esperabas aceptación, cuidado y amor. Y es ahí donde más duele. Porque no solo rompe el momento... rompe partes de tu identidad.

El rechazo te hace cuestionarte:

- "¿Qué hay de malo en mí?"
- "¿Por qué no fui suficiente?"
- "¿Por qué no me eligieron?"

Y sin darte cuenta, comienzas a construir una versión de ti basada en el dolor, no en la verdad.

Pero hay algo que necesitas entender hoy:

El rechazo de las personas no define tu valor, revela sus limitaciones, no tu identidad.

Dios nunca te ha rechazado.

Aun cuando otros se alejaron... Él se acercó.

Aun cuando otros te ignoraron... Él te vio.

Aun cuando otros no te escogieron... Él ya te había elegido desde antes.

El rechazo duele, sí...

pero también puede convertirse en el punto donde comienzas a verte como Dios te ve.

No eres lo que te hicieron sentir.

No eres lo que te dijeron.

No eres lo que no recibiste.

Eres quien Dios dice que eres.

Versículo clave

> *"Aunque mi padre y mi madre me dejaran, con todo, Jehová me recogerá." — Salmos*

27:10

Puntos importantes

- El rechazo no cancela tu propósito.
- No todo lo que se va es pérdida, muchas veces es protección.
- Dios usa el rechazo para redirigirte, no para destruirte.
- Tu identidad no depende de la aceptación humana.

Oración poderosa

Padre amado,

Hoy vengo delante de Ti con un corazón que ha sentido el peso del rechazo.

Tú conoces cada herida que no he podido explicar, cada lágrima que he escondido, cada momento donde me sentí no suficiente.

Señor, hoy renuncio a toda mentira que el rechazo sembró en mí.

Renuncio a sentirme menos, a compararme, a dudar de mi valor.

Declaro que mi identidad está en Ti.

Que fui escogida, amada y diseñada con propósito.

Sana, Dios mío, cada herida en mi corazón.

Llena los vacíos que dejaron otros.

Restaura mi alma y enséñame a verme como Tú me ves.

Hoy dejo el rechazo en Tus manos

y recibo Tu amor que restaura, afirma y da vida.

En el nombre de Jesús,

Amén.

Reflexiona

- ¿Qué experiencia de rechazo ha marcado tu vida?

- ¿Qué mentira comenzaste a creer a partir de ese dolor?
- ¿Qué verdad de Dios necesitas abrazar hoy?

Notas

CAPÍTULO 2

HAY HERIDAS QUE SOLO TÚ PUEDES SENTIR

Reflexión

Existen heridas que no sangran... pero duelen más que cualquier golpe visible.

Son esas que no se ven en el rostro, que no se explican fácilmente, que viven en pensamientos, recuerdos y emociones que aparecen sin aviso. Heridas que aprendiste a esconder porque nadie parecía entenderlas.

A veces intentaste explicarlas...

pero no encontraste las palabras correctas.

Y otras veces, cuando lo hiciste, sentiste que no te comprendieron.

Entonces decidiste callar.

Pero el hecho de que nadie más lo entienda, no significa que no sea real.

Tu dolor es válido. Tu proceso es importante.

Hay batallas internas que solo tú conoces:

- luchas con tu identidad
- recuerdos que todavía pesan
- palabras que marcaron tu corazón
- ausencias que dejaron vacío

Y aunque el mundo no las vea...

Dios sí las conoce todas.

Él no necesita explicación para entenderte.

Él no minimiza tu dolor.

Él no te apura en tu proceso.

Porque hay heridas que solo tú puedes sentir...

pero nunca fuiste diseñada para sanarlas sola.

Dios quiere entrar justo ahí, donde nadie más ha podido llegar.

No para juzgarte... sino para restaurarte desde lo más profundo.

Versículo clave

> ***"Él sana a los quebrantados de corazón, y venda sus heridas." — Salmos 147:3***

Puntos importantes

- No todo dolor es visible, pero sigue siendo válido.
- No necesitas que todos entiendan para que Dios sane.
- El silencio puede esconder heridas, pero Dios las revela para sanarlas.
- Sanar es un proceso, no un momento.

Oración poderosa

Señor,

Hoy vengo delante de Ti con todo aquello que no he podido expresar.

Con heridas que he guardado en silencio... con emociones que no sé cómo explicar.

Tú conoces mi interior mejor que nadie.

Sabes lo que duele, lo que pesa, lo que aún no sana.

Hoy te entrego cada herida escondida.

Cada recuerdo que todavía me afecta.

Cada palabra que marcó mi corazón.

Sana lo que nadie ve, Dios.

Restaura lo que he intentado ocultar.

Entra en lo profundo de mi alma y haz Tu obra completa.

Enséñame a no huir del proceso,

sino a confiar en que Tú estás obrando en mí.

Declaro que no estoy sola.

Declaro que Tú estás sanando mi interior.

En el nombre de Jesús,

Amén.

Reflexiona

- ¿Qué has guardado en silencio por mucho tiempo?
- ¿Qué parte de tu dolor necesita ser entregada a Dios?

Notas

CAPÍTULO 3

CUANDO NO TE SABES EXPLICAR

Reflexión

Hay momentos en la vida donde lo que sientes no tiene forma...

no tiene palabras... no tiene explicación.

Solo sabes que algo no está bien.

Intentas hablar, pero te trabas.

Intentas expresar, pero no sabes cómo.

Intentas entenderte... y te pierdes más.

Es una mezcla de emociones:

- tristeza sin razón clara
- enojo que no sabes de dónde viene
- vacío que no logras llenar
- ansiedad que no puedes describir

Y lo más difícil no es sentirlo...

es no poder explicarlo.

Porque cuando no te sabes explicar, otros malinterpretan.

Piensan que exageras... que estás confundida... que no sabes lo que quieres.

Pero la verdad es que sí estás sintiendo... solo que estás procesando.

No todo proceso tiene palabras inmediatas.

No toda herida se identifica rápido.

No todo lo que pasa dentro de ti se puede traducir al momento.

Y aquí está lo poderoso:

Dios no necesita que te expliques para entenderte.

Él comprende lo que ni tú misma logras descifrar.

Él ve lo que está en lo profundo.

Él escucha incluso lo que no puedes decir.

Aun en tu confusión... Él tiene claridad.

Aun en tu silencio... Él está obrando.

No te desesperes por no entenderte completamente hoy.

Hay procesos que Dios va revelando poco a poco.

Lo importante no es que tengas todas las respuestas...

es que no te desconectes de Aquel que sí las tiene.

Versículo clave

> ***"Y de igual manera el Espíritu nos ayuda en nuestra debilidad; pues qué hemos de***
>
> ***pedir como conviene, no lo sabemos, pero el Espíritu mismo intercede por nosotros con***
>
> ***gemidos indecibles." — Romanos 8:26***

<u>Puntos importantes</u>

- No entender lo que sientes no significa que estés mal.
- Estás en proceso, no perdida.
- Dios entiende lo que no puedes expresar.
- La confusión también es parte de la sanidad.

Oración poderosa

Padre,

Hoy vengo delante de Ti sin saber cómo explicarme...

con sentimientos que no entiendo... con pensamientos que me confunden.

Hay cosas dentro de mí que no sé poner en palabras,

pero Tú las conoces todas.

Señor, no quiero desesperarme en medio de este proceso.

Ayúdame a confiar en Ti aun cuando no tengo claridad.

Ordena mi interior.

Trae paz a mi mente.

Dale dirección a mis emociones.

Espíritu Santo, intercede por mí,

aun cuando no sé qué decir.

Enséñame a descansar en Tu presencia,

sabiendo que Tú estás obrando aunque no lo entienda todo.

Declaro que no estoy perdida,

estoy siendo guiada.

En el nombre de Jesús,

Amén.

Reflexiona

- ¿Qué emoción no has podido explicar?
- ¿Has permitido que Dios entre en esa área?

Notas

CAPÍTULO 4

CUANDO NADIE ENTIENDE PERO JUZGA

Reflexión

Hay momentos en los que estás luchando por mantenerte en pie...

y lo único que recibes es juicio.

No ven tu proceso... pero opinan.

No conocen tu historia... pero critican.

No sienten tu dolor... pero te señalan.

Y eso duele... profundamente.

Porque no solo estás cargando lo que sientes,

sino también el peso de lo que otros dicen.

Frases como:

- "Eso es porque tú quieres"
- "Tienes que superarlo ya"
- "Hay gente peor que tú"

minimizan lo que estás viviendo.

Pero déjame decirte algo con claridad:

No todos tienen la capacidad de entender tu proceso.

Y eso no significa que tu proceso no sea válido.

Hay personas que juzgan porque nunca han tenido que pelear tus batallas.

Otros juzgan porque no han sanado las suyas.

Pero Dios...

Dios no te juzga como la gente.

Él no te mira con condena,

te mira con compasión.

Él no te presiona,

te acompaña.

Él no te señala,

te restaura.

Cuando nadie te entienda...

recuerda que Dios sí.

Y cuando las voces externas quieran confundirte,

vuelve a la única voz que trae verdad y paz.

No vivas tratando de explicarte a quienes no quieren entenderte.

Vive afirmándote en Aquel que ya te conoce completamente.

Versículo clave

> ***"El hombre mira lo que está delante de sus ojos, pero Jehová mira el corazón." — 1***
>
> ***Samuel 16:7***

Puntos importantes

- No todos entenderán tu proceso, y está bien.
- El juicio de otros no define tu verdad.
- Dios ve tu corazón, no solo tus acciones.
- No necesitas aprobación humana para sanar.

Oración poderosa

Señor,

Hoy vengo delante de Ti con el peso de las palabras que me han herido.

Con juicios que han querido apagar mi proceso,

con opiniones que han confundido mi identidad.

Padre, hoy decido soltar toda carga que no viene de Ti.

Renuncio a vivir buscando la aprobación de otros.

Sana mi corazón de cada palabra que me marcó.

Guárdame de internalizar lo que no viene de Tu verdad.

Ayúdame a enfocarme en Tu voz,

a creer lo que Tú dices de mí,

y a caminar firme en mi proceso.

Dame paz en medio del juicio.

Dame seguridad en medio de la crítica.

Y dame libertad para seguir sanando sin culpa.

Declaro que soy conocida por Ti,

y eso es suficiente.

En el nombre de Jesús,

Amén.

Reflexiona

- ¿Qué palabras de otros te han marcado?
- ¿Estás viviendo para agradar a Dios o a las personas?

Notas

PARTE II

PROCESOS DE SANIDAD

CAPÍTULO 5

CUANDO ALEJARTE TE AYUDA A VALORARTE

Reflexión

Hay decisiones que rompen el alma...

pero reconstruyen tu identidad.

Alejarte no siempre significa dejar de amar.

Muchas veces significa empezar a amarte.

Porque llega un punto donde seguir ahí duele más que irte.

Donde permanecer te desgasta, te apaga, te hace perderte.

Y aunque sabes que necesitas tomar distancia...

te cuesta.

Te cuesta porque amas.

Porque esperabas algo diferente.

Porque pensaste que podía cambiar.

Pero hay una verdad que necesitas abrazar:

No puedes sanar en el mismo lugar donde te están hiriendo constantemente.

Alejarte no es debilidad...

es sabiduría.

No es egoísmo...

es amor propio.

Es decir:

"Me duele, pero me elijo."

"Te amo, pero también me respeto."

"No quiero perderte... pero no quiero perderme a mí."

Dios no te llamó a soportar lo que destruye tu alma.

Te llamó a vivir en paz, en dignidad, en identidad.

Y aunque al principio el alejamiento se sienta como pérdida...

en realidad es un acto de restauración.

Porque cuando te eliges...

comienzas a recuperar lo que habías olvidado:

tu valor.

Versículo clave

> ***"Sobre toda cosa guardada, guarda tu corazón; porque de él mana la vida." —***
>
> ***Proverbios 4:23***

<u>Puntos importantes</u>

- Alejarte también es una forma de sanar.
- No todo lo que amas te conviene.
- El amor propio no es egoísmo, es obediencia a Dios.
- Guardar tu corazón es una responsabilidad espiritual.

Oración poderosa

Padre amado,

Hoy vengo delante de Ti con decisiones que me duelen.

Con sentimientos que me atan... pero con una necesidad profunda de sanar.

Señor, dame la fuerza para alejarme de lo que me destruye.

Aunque duela, aunque cueste, aunque no lo entienda todo.

Ayúdame a elegirme sin culpa.

A valorarme como Tú me valoras.

A no conformarme con menos de lo que Tú has preparado para mí.

Sana mi corazón en este proceso de soltar.

Llena los espacios que quedan vacíos.

Y recuérdame que no estoy perdiendo... estoy siendo restaurada.

Dame paz en medio de la distancia,

y seguridad en cada paso que doy.

Declaro que me elijo,

porque Tú ya me elegiste primero.

En el nombre de Jesús,

Amén.

Reflexiona

- ¿De qué necesitas tomar distancia hoy?
- ¿Te estás eligiendo o te estás perdiendo?

Notas

CAPÍTULO 6

MINUTOS ANTES DE IRTE AL SECRETO

Reflexión

Hay un lugar donde las máscaras caen...

donde no tienes que aparentar...

donde puedes ser completamente tú.

Ese lugar es el secreto.

Pero antes de entrar ahí...

Hay unos minutos cruciales.

Son esos momentos donde estás cargada emocionalmente,

donde tu mente no se detiene,

donde tu corazón pesa... y sabes que necesitas ir a Dios.

Pero algo lucha dentro de ti.

A veces es orgullo...

otras veces es dolor...

otras veces es cansancio.

Piensas:

- “Después oro...”
- “No tengo fuerzas...”
- “Dios ya sabe...”

Pero en lo profundo, sabes que necesitas ese encuentro.

Porque el secreto no es un lugar físico...

es una rendición.

Es el momento donde dejas de sostenerte sola

y decides entregarle todo a Dios.

Antes de entrar al secreto, hay una batalla interna.

Una lucha entre quedarte en tu carga...

o soltarla en Su presencia.

Y cuando decides entrar...

No importa cómo llegues:

rota, confundida, cansada, sin palabras...

Dios no te rechaza.

Él te espera.

Ahí no necesitas explicarte...

solo necesitas rendirte.

Porque en el secreto:

- Dios sana lo que no puedes decir
- ordena lo que no entiendes
- y restaura lo que pensaste que estaba perdido

No subestimes esos minutos antes de entrar...

porque ahí se define si cargas sola... o si sueltas en Dios.

Versículo clave

> ***"Mas tú, cuando ores, entra en tu aposento, y cerrada la puerta, ora a tu Padre que***

está en secreto; y tu Padre que ve en lo secreto te recompensará en público."

Mateo-6:6

Puntos importantes

- El secreto es un lugar de rendición, no de perfección.
- No necesitas fuerzas para ir a Dios, necesitas disposición.
- Antes de orar hay una batalla interna que debes vencer.
- Dios te espera tal como estás.

Oración poderosa

Padre,

Aquí estoy... antes de entrar a Tu presencia.

Con todo lo que siento, con todo lo que cargo, con todo lo que no sé cómo expresar.

Señor, rompe toda resistencia dentro de mí.

Todo orgullo, todo miedo, todo cansancio que me quiere alejar de Ti.

Hoy decido acercarme...

no porque tenga fuerzas, sino porque te necesito.

Recíbeme en el secreto.

Abrázame en lo invisible.

Sana lo que llevo guardado.

Te entrego mis pensamientos, mis emociones, mis cargas.

No quiero seguir sosteniéndolo sola.

Haz en mí lo que solo Tú puedes hacer.

Restaura, ordena y renueva mi interior.

Hoy entro al secreto...

y salgo diferente.

En el nombre de Jesús,

Amén.

Reflexiona

- ¿Qué te está impidiendo ir al secreto con Dios?
- ¿Qué necesitas soltar antes de entrar en Su presencia?

Notas

CAPÍTULO 7

CUANDO AMAS Y NO ERES CORRESPONDIDA

Reflexión

Amar es hermoso...

pero cuando no eres correspondida, puede convertirse en uno de los dolores más intensos del alma.

Porque no es solo que amas...

es que entregaste tiempo, emociones, ilusiones, esperanza.

Diste lo mejor de ti...

y aún así, no fue suficiente para que se quedaran.

Y ahí comienzan las preguntas:

- "¿Qué hice mal?"
- "¿Por qué no me eligió?"
- "¿Por qué sí ama a otros como no me amó a mí?"

Pero hay una verdad que sana, aunque al principio duela:

No es que no eres suficiente... es que no era la persona correcta para valorar lo que eres.

Amar a alguien que no te corresponde no te hace débil...

te hace humana.

Pero quedarte donde no eres valorada,

sí puede hacerte daño.

Porque el amor sano:

- no te confunde
- no te hace dudar de tu valor
- no te deja sintiéndote invisible

Dios no diseñó el amor para que te rompa,

sino para que te edifique.

Y aunque hoy duela aceptar que no fue correspondido...

también es una oportunidad para reencontrarte contigo misma.

Para recordar que tu valor no depende de quién te elige...

sino de quién te creó.

Dios no te ama a medias.

No te duda.

No te ignora.

Él sí te eligió completamente.

Y cuando entiendes eso...

dejas de mendigar amor donde no lo hay.

Versículo clave

"Con amor eterno te he amado; por tanto,

te prolongué mi misericordia." — Jeremías

31:3

Puntos importantes

- Amar sin ser correspondida no disminuye tu valor.
- No todo amor es mutuo, pero todo proceso tiene propósito.
- No fuiste creada para mendigar amor.
- El amor de Dios es completo, constante y verdadero.

Oración poderosa

Señor,

Hoy vengo delante de Ti con un corazón que amó... pero no fue correspondido.

Con sentimientos que todavía duelen... con recuerdos que aún pesan.

Padre, sana esta área de mi vida.

Arranca toda tristeza, toda confusión, todo sentimiento de insuficiencia.

Hoy renuncio a pensar que no soy suficiente.

Renuncio a compararme, a cuestionarme, a culparme.

Declaro que soy amada por Ti,

completamente, sin condiciones y sin dudas.

Ayúdame a soltar lo que no fue.

A cerrar ciclos con paz.

Y a no aferrarme a lo que no me edifica.

Llena mi corazón con Tu amor.

Restaura mi identidad.

Y enséñame a esperar un amor sano, alineado a Tu voluntad.

Hoy dejo ir...

y recibo Tu amor que me sana.

En el nombre de Jesús,

Amén.

Reflexiona

- ¿Te has quedado donde no eres valorada?
- ¿Estás buscando en otros lo que solo Dios puede darte?

Notas

CAPÍTULO 8

LUCHA INTERIOR

Reflexión

Hay guerras que no hacen ruido...

pero desgastan más que cualquier batalla externa.

La lucha interior es esa pelea constante entre lo que sientes y lo que sabes.

Entre lo que quieres soltar... y lo que aún te ata.

Entre tu fe... y tus pensamientos.

Es despertarte con fuerzas...

y en cuestión de horas sentirte caída.

Es querer avanzar...

pero algo dentro de ti te detiene.

Y muchas veces, esa lucha no la entiende nadie...

porque ocurre en silencio.

Son pensamientos que te atacan:

- dudas
- inseguridades
- miedo
- recuerdos que vuelven

Y aunque por fuera todo parece estar bien...

por dentro estás peleando.

Pero escucha esto con claridad:

Que estés luchando no significa que estés perdiendo.

La lucha interior también es señal de que hay algo en ti que no se rinde.

Que hay una parte de ti que quiere sanar, crecer, avanzar.

No estás débil... estás en proceso.

Y aunque sientas que tu mente te traiciona...

Dios está obrando en lo profundo.

Él no solo ve tu lucha...

también pelea contigo.

No tienes que ganar esta batalla sola.

Porque hay victorias que no se logran con fuerza humana...

sino con rendición espiritual.

Versículo clave

> ***"Porque no tenemos lucha contra sangre y carne, sino contra principados, contra***
>
> ***potestades, contra los gobernadores de las tinieblas..." — Efesios 6:12***

<u>Puntos importantes</u>

- La lucha interior es real, pero no es permanente.
- No estás perdiendo, estás resistiendo.

- No todas las batallas son visibles, pero Dios las ve todas.
- No peleas sola, Dios está contigo.

Oración poderosa

Padre amado,

Hoy vengo delante de Ti en medio de mi lucha interior.

Tú conoces cada pensamiento que me agobia, cada emoción que me pesa, cada batalla

que enfrentó en silencio.

Señor, fortalece mi mente.

Renueva mis pensamientos.

Dame claridad donde hay confusión.

Hoy ato toda mentira que quiera levantarse en mi contra.

Rechazo toda voz que no viene de Ti.

Declaro que mi mente está bajo Tu autoridad.

Que mis emociones se alinean a Tu verdad.

Espíritu Santo, pelea conmigo.

Sosténme cuando me sienta débil.

Levántame cuando sienta que no puedo más.

Hoy no me rindo.

Hoy decido confiar en que Tú estás obrando en mí.

Declaro victoria en mi interior,

aunque el proceso no haya terminado.

En el nombre de Jesús,

Amén.

Reflexiona

- ¿Qué pensamientos están luchando dentro de ti?
- ¿Estás enfrentando la batalla o huyendo de ella?

Notas

PARTE III

IDENTIDAD Y RESTAURACIÓN

CAPÍTULO 9

NO HAY IDENTIDAD, PERO HAY UNA CORONA

Reflexión

Hay temporadas en la vida donde te miras...

y no te reconoces.

No sabes quién eres realmente.

No sabes qué quieres.

No sabes hacia dónde vas.

Sientes que has perdido tu identidad entre heridas, procesos, decepciones y decisiones.

Te fragmentaste tratando de sobrevivir.

Te adaptaste tanto a lo que viviste... que olvidaste quién eras.

Y en ese punto, nace una sensación peligrosa:

vacío de identidad.

Ya no eres la misma...

pero tampoco sabes en quién te estás convirtiendo.

Pero aquí es donde entra la verdad de Dios:

Aunque tú no tengas claridad de tu identidad... Dios ya te dio una corona.

La corona representa:

- propósito
- valor
- autoridad
- identidad en Él

No depende de cómo te sientes...

depende de quién te llamó.

No depende de tu pasado...

depende de tu diseño.

El problema no es que no tengas identidad...

es que aún no has descubierto la que Dios ya te dio.

Porque el dolor puede distorsionar tu visión...

pero no puede cambiar tu propósito.

Dios no está improvisando contigo.

Él no está confundido sobre quién eres.

Aunque tú te sientas perdida...

tú sigues siendo escogida.

Y esa corona que no ves hoy...

Dios la está formando en tu proceso.

Versículo clave

> ***"Pero vosotros sois linaje escogido, real sacerdocio, nación santa, pueblo adquirido***
>
> ***por Dios..." — 1 Pedro 2:9***

<u>Puntos importantes</u>

- La falta de identidad es temporal, tu propósito es eterno.
- No te defines por lo que viviste, sino por lo que Dios declaró.
- Aunque no lo veas, ya hay una corona sobre tu vida.
- Dios no está confundido acerca de quién eres.

Oración poderosa

Señor,

Hoy vengo delante de Ti sintiéndome perdida...

sin claridad de quién soy... sin dirección.

Pero hoy decido creer lo que Tú dices sobre mí.

Aunque no lo entienda todo, aunque no lo vea claro.

Declaro que tengo identidad en Ti.

Que fui escogida, llamada y diseñada con propósito.

Quita toda confusión de mi mente.

Rompe toda mentira que ha querido definirme.

Ayúdame a descubrir quién soy en Ti.

A caminar en la identidad que ya me diste.

Hoy me levanto, no como me siento...

sino como Tú me ves.

Declaró que hay una corona sobre mi vida.

Y aunque esté en proceso... Estoy siendo formada.

En el nombre de Jesús,

Amén.

Reflexiona

- ¿En qué momento perdiste claridad de quién eres?
- ¿Qué dice Dios sobre tu identidad?

Notas

CAPÍTULO 10

DIOS ES LO ÚNICO QUE TE DA PAZ

Reflexión

Pasas tiempo buscando paz...

en personas, en lugares, en distracciones, en respuestas.

Intentas llenar el vacío con cosas externas:

ocupándote, entreteniéndote, rodeándote de gente...

pero cuando todo se apaga, la inquietud sigue ahí.

Porque hay una verdad que el alma tarde o temprano descubre:

Nada externo puede darte la paz que solo Dios puede producir.

La paz no es la ausencia de problemas...

es la presencia de Dios en medio de ellos.

Puedes tener todo “bien” por fuera...

y aun así sentirte en guerra por dentro.

Y también puedes estar en medio del caos...

pero sentir una calma inexplicable.

Esa es la paz que viene de Dios.

No se compra.

No se fuerza.

No se fabrica.

Se recibe.

Y llega cuando dejas de depender de lo externo

y comienzas a rendirte a lo eterno.

Porque mientras busques paz en personas...

te frustrarás.

Mientras la busques en situaciones...

será inestable.

Pero cuando la encuentras en Dios...

se vuelve firme.

No significa que todo se resolverá de inmediato...

pero sí significa que tú estarás sostenida en medio del proceso.

Dios no siempre cambia las circunstancias al instante...

pero siempre cambia tu interior cuando te acercas a Él.

Versículo clave

> ***"La paz os dejo, mi paz os doy; yo no os la doy como el mundo la da..." — Juan 14:27***

Puntos importantes

- La paz verdadera no depende de lo que pasa afuera.
- Nada ni nadie puede sustituir la paz de Dios.

- La paz de Dios es estabilidad en medio del proceso.
- La presencia de Dios transforma tu interior.

Oración poderosa

Señor,

Hoy reconozco que he buscado paz en lugares equivocados.

En personas, en situaciones, en cosas que no podían sostenerme.

Pero hoy vuelvo a Ti.

Tú eres mi paz verdadera.

Tú eres quien calma mi mente y sana mi corazón.

Padre, aquieta todo lo que está inquieto dentro de mí.

Silencia toda voz que me roba la tranquilidad.

Llena mi interior con Tu presencia.

Dame esa paz que no depende de lo que estoy viviendo.

Hoy decido confiar en Ti...

aunque no entienda todo, aunque no vea respuestas inmediatas.

Declaro que mi paz no está en lo externo...

está en Ti.

Y en Ti, estoy segura.

En el nombre de Jesús,

Amén.

Reflexiona

- ¿Dónde has estado buscando paz?
- ¿Qué necesitas rendir hoy a Dios?

Notas

CAPÍTULO 11

SOLO DIOS SANA EL INTERIOR

Reflexión

Puedes intentar seguir adelante...

puedes distraerte... puedes aparentar que todo está bien...

pero si el interior no sana, el dolor siempre encuentra la forma de salir.

A veces se manifiesta en:

- reacciones que no entiendes
- tristeza sin razón aparente
- miedo a volver a amar
- inseguridad constante

Porque lo que no se sana... se arrastra.

Y con el tiempo, no solo te afecta a ti...

afecta tus decisiones, tus relaciones y tu manera de verte.

Muchos intentan sanar con el tiempo...

otros con personas... otros ignorando lo que sienten.

Pero hay una verdad que transforma todo:

Solo Dios tiene el poder de sanar desde la raíz.

Él no trata solo los síntomas...

Él va al origen.

Donde comenzó la herida.

Donde se formó el dolor.

Donde se quebró tu corazón.

Dios no pone “parches”...

Él restaura completamente.

Y lo más hermoso es que no te sana para dejarte igual...

te sana para transformarte.

Para que ya no reacciones desde la herida...

sino desde la sanidad.

Para que ya no vivas desde el dolor...

sino desde la identidad.

Sanar con Dios no es olvidar...

es recordar sin que duela.

Es mirar atrás y decir:

"Sí, eso me pasó... pero ya no me define."

Versículo clave

> ***"Crea en mí, oh Dios, un corazón limpio,***
> ***y renueva un espíritu recto dentro de mí."***
>
> —
>
> ***Salmos 51:10***

Puntos importantes

- Lo que no se sana, se arrastra.

- Dios sana desde la raíz, no solo la superficie.
- La sanidad cambia tu forma de reaccionar y vivir.
- Sanar no es olvidar, es dejar de vivir desde la herida.

Oración poderosa

Señor,

Hoy reconozco que hay áreas dentro de mí que aún necesitan sanidad.

Heridas que he intentado ignorar... emociones que he tratado de esconder.

Pero hoy ya no quiero seguir así.

Te entrego mi interior completamente.

Cada dolor, cada herida, cada recuerdo.

Sana desde la raíz, Dios.

Llega a lo profundo de mi corazón.

Arranca todo lo que no viene de Ti.

Restaura lo que fue quebrado.

Y hazme nueva desde adentro.

No quiero solo aparentar estar bien...

quiero realmente ser sana.

Transforma mi manera de pensar, de sentir, de reaccionar.

Y enséñame a vivir desde la sanidad.

Declaro que mi proceso está en Tus manos.

Y en Ti, mi sanidad es completa.

En el nombre de Jesús, Amén.

Reflexiona

- ¿Qué área de tu vida sigue sin sanar?
- ¿Qué has intentado usar para sanar que no ha funcionado?

Notas

CAPÍTULO 12

APRENDÍ A AMARME A TRAVÉS DE LA PALABRA

Reflexión

Amarte no siempre fue fácil.

Quizás aprendiste a criticarte más que a valorarte...

a exigirte más que a cuidarte...

a compararte más que a aceptarte.

Y sin darte cuenta, desarrollaste una voz interna dura...

que te recordaba lo que te faltaba,

en lugar de lo que ya eres.

Pero todo comienza a cambiar cuando te encuentras con la Palabra de Dios.

Porque la Palabra no solo informa...

transforma.

Empieza a mostrarte verdades que no conocías:

- que eres escogida
- que eres amada
- que tienes propósito
- que no eres un error

Y poco a poco, tu forma de verte cambia.

Dejas de definirte por lo que viviste...

y comienzas a definirte por lo que Dios dice.

Aprendes a hablarte diferente.

A tratarte con gracia.

A respetar tu proceso.

Porque cuando te ves a través de la Palabra...

ya no te juzgas igual.

Te entiendes.

Te valoras.

Te amas correctamente.

No desde el orgullo...

sino desde la identidad.

Amarte no es ponerte por encima de Dios...

es verte como Él te creó.

Y eso...

eso sana profundamente.

Versículo clave

> ***"Conoceréis la verdad, y la verdad os hará libres." — Juan 8:32***

Puntos importantes

- La Palabra de Dios redefine tu identidad.
- Aprender a amarte es parte del proceso de sanidad.
- No eres lo que viviste, eres lo que Dios dice.

- La verdad de Dios rompe las mentiras internas.

Oración poderosa

Señor,

Gracias por tu Palabra...

porque en ella encuentro verdad, dirección y sanidad.

Hoy decido verme como Tú me ves.

Renuncio a toda imagen distorsionada de mí misma.

Quita de mi mente toda mentira que me hizo sentir menos.

Todo pensamiento que me llevó a rechazarme.

Enséñame a amarle correctamente.

A tratarme con gracia, con paciencia, con valor.

Que tu Palabra transforme mi manera de pensar.

Que cada verdad que leo se haga vida en mí.

Declaro que soy quien Tú dices que soy.

Y desde hoy, camino en esa identidad.

Gracias porque estoy siendo restaurada...

también en cómo me veo.

En el nombre de Jesús, Amén.

Reflexiona

- ¿Cómo te hablas a ti misma?
- ¿Qué verdad de Dios necesitas creer hoy?

Notas

CAPÍTULO 13

EL ENCUENTRO QUE TANTO ANHELABA

Reflexión

Después de tanto proceso...

después de tantas lágrimas...

después de tantas preguntas sin respuestas...

Llega ese momento.

No siempre es como lo imaginabas...

no siempre es ruidoso...

a veces es en silencio.

Pero es real.

Es ese instante donde sientes que algo dentro de ti cambia.

Donde la carga disminuye.

Donde la confusión se disipa.

Donde el corazón, por primera vez en mucho tiempo... descansa.

Ese es el encuentro con Dios.

No es una emoción pasajera...

es una experiencia que marca tu interior.

Es cuando dejas de solo escuchar de Él...

y comienzas a conocerlo.

Cuando Su presencia deja de ser teoría...

y se convierte en realidad.

Y en ese encuentro:

- entiendes lo que antes no entendías
- sanas lo que pensabas que no tenía solución
- recibes paz que no sabías que necesitabas

No significa que todo terminó...

pero sí significa que ya no eres la misma.

Porque cuando tienes un verdadero encuentro con Dios...

algo en ti se alinea.

Tu fe se fortalece.

Tu identidad se afirma.

Tu corazón se restaura.

Y entonces comprendes:

Todo el proceso... te estaba llevando a este momento.

Cada lágrima...

cada lucha...

cada silencio...

No fue en vano.

Dios siempre estuvo guiándote...

hacia este encuentro.

Versículo clave

"Me buscaréis y me hallaréis, porque me buscaréis de todo vuestro corazón." —

Jeremías 29:13

Puntos importantes

- El encuentro con Dios transforma el interior.
- No siempre es emocional, pero siempre es real.
- El proceso te prepara para ese momento.
- Después del encuentro, ya no eres la misma.

Oración poderosa

Señor,

Hoy reconozco que todo lo que he vivido me ha traído hasta aquí.

Hasta este momento contigo.

Gracias por no soltarme en el proceso.

Gracias por sostenerme aún cuando no te sentía.

Hoy abro completamente mi corazón a Ti.

Quiero encontrarte de verdad.

No solo escucharte... sino conocerte.

Revélate a mi vida.

Llena cada espacio dentro de mí.

Hazte real en mi interior.

Sana, confirma, restaura.

Y marca este momento en mi vida.

Que nunca vuelva a ser la misma después de este encuentro.

Hoy te encuentro...

y en Ti, encuentro todo lo que necesitaba.

En el nombre de Jesús, Amén.

Reflexiona

- ¿Has tenido un encuentro real con Dios?
- ¿Qué ha cambiado en tu vida después de ese momento?

Notas

PARTE IV

SANIDAD PROFUNDA

CAPÍTULO 14

CÓMO PUEDO SANAR A TRAVÉS DE JESÚS

Reflexión

Muchas veces te preguntas:

"Sí... entiendo que necesito sanar, pero... ¿cómo lo hago?"

Porque el dolor es real.

Las heridas existen.

Y aunque deseas cambiar, no siempre sabes por dónde empezar.

Pero la respuesta no es un método... es una persona:

Jesús.

Sanar a través de Jesús no es solo creer en Él...

es permitirle entrar en cada área de tu vida.

Es un proceso que comienza con una decisión:

rendirte.

Sanar en Jesús implica:

1. **Reconocer**

Aceptar que hay heridas.

No ignorarlas, no esconderlas, no disfrazarlas.

2. **Entregar**

Decidir soltar el control y poner ese dolor en las manos de Dios.

3. **Perdonar**

No porque quien te hirió lo merezca...

sino porque tú mereces ser libre.

4. **Renovar tu mente**

Cambiar las mentiras que creíste por la verdad de Dios.

5. **Permanecer**

No es un encuentro de un día...

es una relación constante.

Jesús no solo quiere tocar tu vida...

quiere transformarla completamente.

Él no te apura...

pero tampoco te deja igual.

Sanar en Jesús no significa que nunca recordarás lo que pasó...

significa que ya no te dominará.

Porque donde Jesús entra...

la herida pierde poder.

Versículo clave

> ***"Venid a mí todos los que estáis trabajados y cargados, y yo os haré descansar."***
>
> —
>
> ***Mateo 11:28***

Puntos importantes

- La sanidad comienza con rendición.
- Jesús no sólo consuela, transforma.
- Perdonar es parte esencial del proceso.
- Sanar es un camino continuo con Dios.

Oración poderosa

Señor Jesús,

Hoy vengo a Ti con todo lo que soy...

con mis heridas, mis cargas, mis luchas.

Ya no quiero seguir intentando sola.

Hoy decido rendirme a Ti.

Reconozco lo que me duele.

Te entrego lo que he cargado por tanto tiempo.

Ayúdame a perdonar.

A soltar.

A dejar ir todo lo que me ha atado.

Renueva mi mente con Tu verdad.

Cambia mi forma de pensar, de sentir, de vivir.

Enséñame a permanecer en Ti cada día.

A depender de Tu presencia.

Hoy recibo Tu sanidad.

No parcial... sino completa.

Declaro que mi vida está en Tus manos...

y en Ti, todo es restaurado.

En el nombre de Jesús, Amén.

Reflexiona

- ¿Qué área no le has entregado a Dios?
- ¿Estás tratando de sanar sola?

Notas

CAPÍTULO 15

EL VERDADERO AMOR QUE SANA TODO ES DIOS

Reflexión

Después de todo el proceso...

después del dolor, las preguntas, las lágrimas, la lucha...

llegas a una verdad que lo cambia todo:

El amor que tanto buscabas... siempre fue Dios.

Buscaste amor en personas...

esperando que llenaran espacios que solo Dios podía llenar.

Esperaste que alguien te entendiera completamente...

que no fallara... que no se fuera... que no te hiriera.

Pero los humanos fallan.

Se equivocan.

Se cansan.

Dios no.

Su amor:

- no cambia
- no se agota
- no se rompe
- no te abandona

Es un amor que no depende de cómo estás...

ni de lo que hiciste... ni de lo que sientes.

Es constante.

Y cuando entiendes esto...

todo dentro de ti se alinea.

Dejas de buscar desesperadamente afuera...

y comienzas a descansar en Él.

Porque ya no amas desde la necesidad...

amas desde la plenitud.

Ya no te aferras...

confías.

Ya no mendigas amor...

lo compartes.

Porque cuando el amor de Dios te llena...

sana lo que nadie pudo sanar.

Y entonces entiendes:

No necesitabas que alguien te completara...

necesitabas encontrarte con el amor que ya te sostenía.

Ese amor...

es Dios.

Versículo clave

"El que no ama, no ha conocido a Dios; porque Dios es amor." — 1 Juan 4:8

Puntos importantes

- Dios es la fuente del amor verdadero.
- Ninguna persona puede ocupar el lugar que le corresponde a Dios.
- El amor de Dios sana, restaura y completa.
- Cuando estás llena del amor de Dios, amas de manera sana.

Oración poderosa

Padre amado,

Hoy reconozco que Tú eres el amor que siempre necesité.

El amor que no falla, que no se rompe, que no se va.

Gracias por sostenerme en cada etapa de este proceso.

Gracias por sanar mi interior, restaurar mi identidad y darme paz.

Hoy recibo Tu amor completamente.

Dejó de buscar afuera lo que solo Tú puedes dar.

Llena cada espacio dentro de mí.

Sana lo que aún queda por sanar.

Y enséñame a vivir desde Tu amor.

Que todo lo que haga, lo haga desde esta verdad:

que soy amada por Ti.

Hoy cierro este proceso...

pero comienzo una nueva vida en Ti.

En el nombre de Jesús, Amén.

Reflexiona

- ¿Dónde has estado buscando amor?
- ¿Has permitido que Dios llene ese vacío?

Notas

CAPÍTULO 16

PERDONAR PARA SER LIBRE

Reflexión

Perdonar no es fácil...

especialmente cuando lo que te hicieron dolió profundamente.

Hay heridas que no fueron pequeñas.

Fueron palabras que marcaron...

acciones que rompieron...

ausencias que dejaron vacíos.

Y aunque el tiempo ha pasado...

el dolor sigue ahí.

Porque no todo sana con el tiempo...

hay cosas que solo sanan cuando decides perdonar.

Pero aquí está la lucha:

Quieres soltar...

pero recuerdas.

Quieres avanzar...

pero duele.

Y muchas veces piensas:

- "No se lo merece"
- "No fue justo"
- "¿Por qué tengo que perdonar yo?"

Y tienes razón...

no fue justo.

Pero el perdón no es para liberar a quien te hirió...

es para liberarte a ti.

Porque mientras no perdonas:

- sigues atada al pasado

- revives el dolor
- cargas algo que ya no deberías llevar

El perdón no justifica lo que pasó.

No borra lo que hicieron.

No dice que estuvo bien.

El perdón dice:

"Esto me dolió... pero no me va a seguir destruyendo."

Perdonar es soltar el derecho de quedarse en el dolor.

Y sí... duele perdonar.

Pero duele más vivir atada a lo que pasó.

Dios no te pide que perdones porque fue fácil...

te lo pide porque sabe que es la única forma de ser verdaderamente libre.

Versículo clave

> ***"Antes sed benignos unos con otros, misericordiosos, perdonándoos unos a otros,***

como Dios también os perdonó a vosotros en Cristo." — Efesios 4:32

Puntos importantes

- Perdonar no es justificar, es soltar.
- El perdón no es para el otro, es para tu libertad.
- No puedes sanar completamente sin perdonar.
- Perdonar es un proceso, no un momento.

¿Cómo perdonar con Dios?

1. Reconoce el dolor

No lo ignores. No lo minimices.

Dios sana lo que reconoces.

2. Exprésalo delante de Dios

Habla con Él con honestidad.

Dile lo que sentiste, lo que te dolió.

3. Decide perdonar (aunque no lo sientas)

El perdón es una decisión antes que un sentimiento.

4. Suelta la deuda

Deja de esperar que esa persona repare lo que hizo.

5. Permite que Dios sane el proceso

El perdón abre la puerta...

pero la sanidad la hace Dios.

Oración poderosa

Señor,

Hoy vengo delante de Ti con heridas que aún duelen.

Con recuerdos que no han sanado completamente.

Tú conoces lo que me hicieron...

sabes cuánto me afectó... cuánto me marcó.

Pero hoy decido dar un paso...

aunque me cueste.

Hoy decido perdonar.

No porque fue fácil.

No porque lo merezcan.

Sino porque no quiero seguir atada a este dolor.

Te entrego cada herida.

Cada recuerdo.

Cada emoción que aún pesa en mi corazón.

Ayúdame a soltar.

A liberar.

A dejar ir.

Sana lo que el perdón está soltando.

Restaura lo que fue quebrado.

Hoy renuncio a vivir desde el dolor.

Y decido caminar hacia mi libertad.

Declaro que soy libre.

Libre del pasado.

Libre del dolor.

Libre en Ti.

En el nombre de Jesús!

Reflexiona

- ¿A quién necesitas perdonar hoy?
- ¿Qué estás cargando que ya no deberías llevar?

Notas

CAPÍTULO 17

SANANDO MI NIÑA INTERIOR

Reflexión

Dentro de ti... aún vive una niña.

Una que sintió...

una que lloró...

una que necesitaba amor, protección y seguridad.

Y aunque has crecido...

Esa niña no desapareció.

Solo aprendió a callar.

Porque tal vez:

- no recibió el amor que necesitaba
- fue ignorada emocionalmente
- creció con rechazo, abandono o dureza
- tuvo que ser fuerte demasiado pronto

Y sin darte cuenta...

esa niña sigue hablando a través de ti.

Se manifiesta en:

- inseguridad
- miedo al rechazo
- necesidad de aprobación
- dificultad para confiar
- heridas que se activan sin explicación

Porque no es solo lo que vives hoy...

es lo que no sanó ayer.

Pero aquí está lo poderoso:

Dios no solo sana tu presente...

también entra en tu pasado.

Él ve a esa niña que fuiste.

Él conoce lo que necesitabas y no recibiste.

Él entiende cada herida que se formó en silencio.

Y Él no la ignora...

Él la abraza.

Sanar tu niña interior no es quedarte en el pasado...

es permitir que Dios restaure lo que quedó incompleto.

Es dejar que Él:

- te dé el amor que faltó
- te afirme donde hubo rechazo
- te cuide donde hubo abandono

No puedes cambiar lo que pasó...

pero sí puedes permitir que Dios sane lo que dejó.

Esa niña dentro de ti no necesita seguir herida...

necesita ser restaurada.

Versículo clave

> ***"Dejad a los niños venir a mí, y no se lo impidáis; porque de los tales es el reino de Dios." — Marcos 10:14***

Puntos importantes

- Tu historia de infancia sí influye en tu presente.
- No es debilidad reconocer lo que te afectó.
- Dios sana también las etapas que viviste.
- Tu niña interior necesita amor, no silencio.

Sanando tu niña interior con Dios

1. Reconoce lo que viviste

No lo ignores ni lo minimices.

Tu historia importa.

2. Valida tus emociones

Lo que sentiste fue real.

Aunque nadie lo haya entendido.

3. Permite que Dios entre en ese recuerdo

Imagina a Dios ahí contigo... sanando ese momento.

4. Háblale con amor

Deja de tratarte con dureza.

Empieza a tratarte como Dios te trata.

5. Rompe patrones

No repitas lo que te hirió.

Decide vivir diferente.

Oración poderosa

Padre amado,

Hoy vengo delante de Ti no solo como la persona que soy hoy...

sino también como la niña que fui.

Esa que sintió, que lloró, que necesitaba amor...

y muchas veces no lo recibió.

Señor, entra en esos recuerdos.

En esos momentos donde me sentí sola, rechazada o incomprendida.

Sana a esa niña dentro de mí.

Abrázala.

Restaurala.

Dale el amor que faltó.

La seguridad que no tuvo.

La paz que necesitaba.

Rompe toda herida que aún está afectando mi presente.

Toda inseguridad, todo miedo, toda necesidad de aprobación.

Hoy decido no ignorar esa parte de mí...

sino entregársela completamente.

Declaró que esa niña ya no está herida...

está siendo sanada por Ti.

Y desde hoy...

camino en libertad.

En el nombre de Jesús, Amén

Reflexiona

- Qué necesitabas cuando eras niña?
- ¿Qué herida aún sigue hablando hoy?

Notas

CAPÍTULO 18

ROMPIENDO PENSAMIENTOS QUE ME DESTRUYEN

Reflexión

No todo lo que piensas... es verdad.

Pero cuando lo repites constantemente...

terminamos creyéndolo.

Hay pensamientos que llegan sin aviso:

- "No soy suficiente"
- "Nada va a cambiar"
- "Siempre me pasa lo mismo"
- "No valgo lo suficiente"

Y aunque al principio parecen solo ideas...

con el tiempo se convierten en creencias.

Y esas creencias...

empiezan a dirigir tu vida.

Porque lo que piensas:

- afecta lo que sientes
- influye en lo que decides
- determina cómo te ves

Y sin darte cuenta...

terminas viviendo desde pensamientos que te están destruyendo.

Pero aquí está la verdad que libera:

No todo pensamiento viene de Dios.

Hay pensamientos que nacen de heridas.

Otros vienen de experiencias pasadas.

Y otros... son mentiras que el enemigo usa para limitarte.

Y si no los confrontas...

los aceptas.

Dios no quiere solo sanar tu corazón...

también quiere renovar tu mente.

Porque puedes estar sanando por dentro...

pero si tu mente sigue atada, volverás al mismo lugar.

Romper pensamientos destructivos no es ignorarlos...

es confrontarlos con la verdad.

Versículo clave

> ***"No os conforméis a este siglo, sino transformaos por medio de la renovación de***
>
> ***vuestro entendimiento..." — Romanos 12:2***

<u>Puntos importantes</u>

- No todo lo que piensas es verdad.
- Los pensamientos repetidos crean creencias.
- Tu mente necesita ser renovada por Dios.
- Lo que no confrontas, te controla.

¿Cómo romper pensamientos destructivos?

1. Identifícalos

Reconoce qué pensamientos se repiten constantemente.

2. Cuestiónalos

Pregúntate:

¿Esto es verdad... o es una herida hablando?

3. Reemplázalos con la Palabra

Cambia la mentira por la verdad de Dios.

Ejemplo:

"No soy suficiente"

"Soy escogida y amada por Dios"

4. Declara verdad

Habla vida sobre ti, aunque no lo sientas aún.

5. Sé constante

La renovación de la mente es un proceso diario.

Oración poderosa

Señor,

Hoy reconozco que mi mente ha sido un campo de batalla.

Pensamientos que me limitan, que me confunden, que me destruyen.

Pero hoy decido no creer más mentiras.

Reveló todo pensamiento que no viene de Ti.

Lo rechazo y lo sacó de mi mente.

Renueva mi forma de pensar.

Llena mi mente con Tu verdad.

Enséñame a pensar como Tú piensas.

A verme como Tú me ves.

Declaro que mi mente es libre.

Libre de miedo, de inseguridad, de duda.

Hoy tomo autoridad sobre mis pensamientos...

y los alineó a Tu verdad.

En el nombre de Jesús, Amén.

Reflexiona

- ¿Qué pensamiento negativo se repite en tu mente?
- ¿Es verdad… o es una herida hablando?

Notas

CAPÍTULO 19

SANANDO LA HERIDA DEL ABANDONO

Reflexión

El abandono no siempre es físico...

a veces es emocional.

Es cuando necesitabas a alguien...

y no estuvo.

Es cuando esperabas apoyo...

y recibiste silencio.

Es cuando alguien importante se fue...

o simplemente nunca estuvo como debía.

Y aunque el tiempo pasó...

esa herida sigue hablando dentro de ti.

El abandono deja marcas invisibles:

- miedo a que todos se vayan
- apego emocional
- ansiedad en las relaciones
- necesidad constante de validación
- dificultad para confiar

Porque una parte de ti aprendió esto:

"Si se fueron antes... se pueden volver a ir."

Y sin darte cuenta...

comienzas a vivir desde el miedo.

Te aferras.

Sobre qué piensas.

Te proteges demasiado... No te entregues demasiado.

Pero aquí está la verdad que sana:

Dios no te abandona. Nunca.

Aunque otros se hayan ido...

aunque te hayan fallado...

aunque no hayas recibido lo que necesitabas...

Dios siempre ha estado.

Aun en los momentos donde no lo sentías...

Él estaba ahí.

El abandono humano puede herirte...

pero la presencia de Dios puede restaurar completamente.

Dios no solo llena el vacío...

también sana la raíz del abandono.

No fuiste olvidada.

No fuiste dejada.

No eres reemplazable.

Eres sostenida por Dios.

Versículo clave

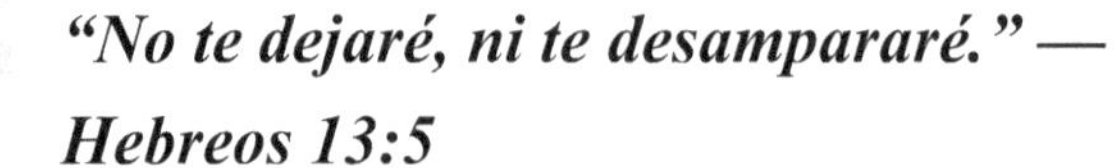

> ***"No te dejaré, ni te desampararé." — Hebreos 13:5***

Puntos importantes

- El abandono deja heridas emocionales profundas.
- Muchas reacciones actuales nacen de esa herida.
- Dios nunca te abandona.
- La sanidad comienza cuando reemplazas el abandono por la presencia de Dios.

¿Cómo sanar la herida del abandono?

1. Reconoce la herida

Acepta que te dolió... y que te afectó.

2. Identifica cómo te ha impactado

Miedos, actitudes, patrones en las relaciones.

3. Permite que Dios entre en ese vacío

No lo llenes con personas... Llénalo con Su presencia.

4. Rompe el miedo al abandono

No todos se irán... y aunque alguien se vaya, Dios se queda.

5. Afirma tu identidad

No eres alguien que fue dejada...

eres alguien sostenida por Dios.

Oración poderosa

Padre amado,

Hoy vengo delante de Ti con heridas de abandono.

Momentos donde me sentí sola... olvidada... no elegida.

Tú sabes lo que viví.

Sabes lo que sentí... lo que me marcó.

Pero hoy decido entregarte ese dolor.

Sana cada herida de abandono en mi corazón.

Arranca todo miedo a que me dejen.

Rompe toda inseguridad que nació de esa experiencia.

Llena cada vacío con Tu presencia.

Hazme sentir Tu amor constante.

Enséñame a confiar otra vez.

A no vivir desde el miedo... sino desde la seguridad en Ti.

Declaro que no estoy sola.

Declaro que Tú estás conmigo.

Y que nunca me has dejado.

Hoy estoy libre del abandono...

porque estoy sostenida por Ti.

En el nombre de Jesús, Amén.

Reflexiona

- ¿Dónde has sentido abandono?
- ¿Estás viviendo desde el miedo o desde la fe?

Notas

EPÍLOGO

Este libro no termina aquí…

Porque la sanidad no es un destino, es un proceso continuo.

Si has llegado hasta este punto, no es casualidad.

Es evidencia de que dentro de ti hay una decisión: sanar, crecer y avanzar.

Tal vez aún hay áreas en proceso.

Tal vez hay heridas que Dios sigue tocando.

Y eso está bien.

La sanidad real no ocurre de un día para otro…

pero sí comienza en un momento:

cuando decides rendirte a Dios.

Recuerda:

- No eres tu pasado
- No eres tu herida
- No eres lo que viviste

Eres quien Dios dice que eres.

Y aunque el proceso continúe, algo ya cambió:

ya no estás caminando sola.

Dios ha estado contigo en cada página…

y seguirá contigo en cada paso.

Permite que lo que comenzó en este libro

se convierta en un estilo de vida:

- Buscar a Dios
- Hablar con Él
- Sanar en Su presencia

Porque la verdadera transformación no ocurre cuando terminas de leer…

sino cuando decides vivir lo que has recibido.

Hoy no es el final.

Es el comienzo de una nueva versión de ti.

Y esta vez…

desde la sanidad.

AUTOBIOGRAFÍA

EVG. MARYLIZA RODRÍGUEZ

La Evangelista Maryliza Rodríguez es una mujer apasionada por Dios, llamada a llevar un mensaje de sanidad, restauración y transformación a vidas que han sido marcadas por el dolor, el rechazo y las heridas del alma.

Su caminar no ha sido fácil. A través de procesos personales, luchas internas y momentos de silencio, aprendió que Dios no solo sana lo visible, sino también lo profundo, aquello que muchas veces nadie ve. Fue en medio de esos procesos donde nació una relación genuina con Dios, que transformó su vida desde adentro hacia afuera.

Hubo un tiempo en su vida donde el rechazo marcó su corazón profundamente. Se sintió no amada, no suficiente, sin identidad. Vivía buscando aprobación en los demás, intentando llenar vacíos que nadie podía llenar. Pensó muchas veces que nunca podría realizarse como persona. La tristeza se volvió constante y el cansancio emocional era parte de su día a día.

Pero aun en medio de ese dolor… Dios estaba cerca.

> ***"Cercano está Jehová a los quebrantados de corazón…" — Salmos 34:18***

En el silencio, en la fragilidad y en los momentos más oscuros, comenzó su verdadero encuentro con Dios. Allí entendió que no tenía que seguir buscando aceptación en las personas, porque su valor ya había sido establecido por Dios.

> ***"Aunque mi padre y mi madre me dejaran, con todo, Jehová me recogerá." — Salmos 27:10***

Dios comenzó a restaurar su identidad, a sanar sus heridas y a mostrarle que no era lo que vivió, sino lo que Él decía de ella.

> ***"De modo que si alguno está en Cristo, nueva criatura es…" — 2 Corintios 5:17***

Ese proceso no fue inmediato, pero fue real. Dios

transformó su mente, su corazón y su vida completamente.

Hoy, Maryliza Rodríguez es una mujer restaurada, con propósito y una convicción firme: no importa cuán profunda haya sido la herida, Dios tiene el poder de sanar completamente.

Maryliza es una voz que inspira a otros a levantarse, a creer nuevamente y a entender que no importa cuán rota haya estado una persona, siempre hay esperanza en Dios. Su mensaje está basado en experiencias reales, en la Palabra de Dios y en una convicción firme de que la sanidad interior es el comienzo de una vida nueva.

A través de sus escritos, enseñanzas y devocionales, busca guiar a cada lector a un encuentro personal con Dios, donde puedan soltar el pasado, sanar sus heridas y caminar en propósito.

Su misión es clara:

- *Recordarle a cada persona que no está sola*

- *Guiarla a sanar desde el interior*

- *Y ayudarla a vivir una vida transformada por Dios*

> ***"Él sana a los quebrantados de corazón..." — Salmos 147:3***

Su mensaje no es solo inspiración… es una invitación a sanar, a soltar y a vivir la vida transformada que Dios diseñó.

"Dios sanó lo que nadie veía en mí… y ahora uso mi voz para sanar a otros."

www.ingramcontent.com/pod-product-compliance
Lightning Source LLC
LaVergne TN
LVHW010918110826
845149LV00013B/2418

9798995805427